STICKER ART BOOK SCULPTURE

스티커 아트북-세계의 조각

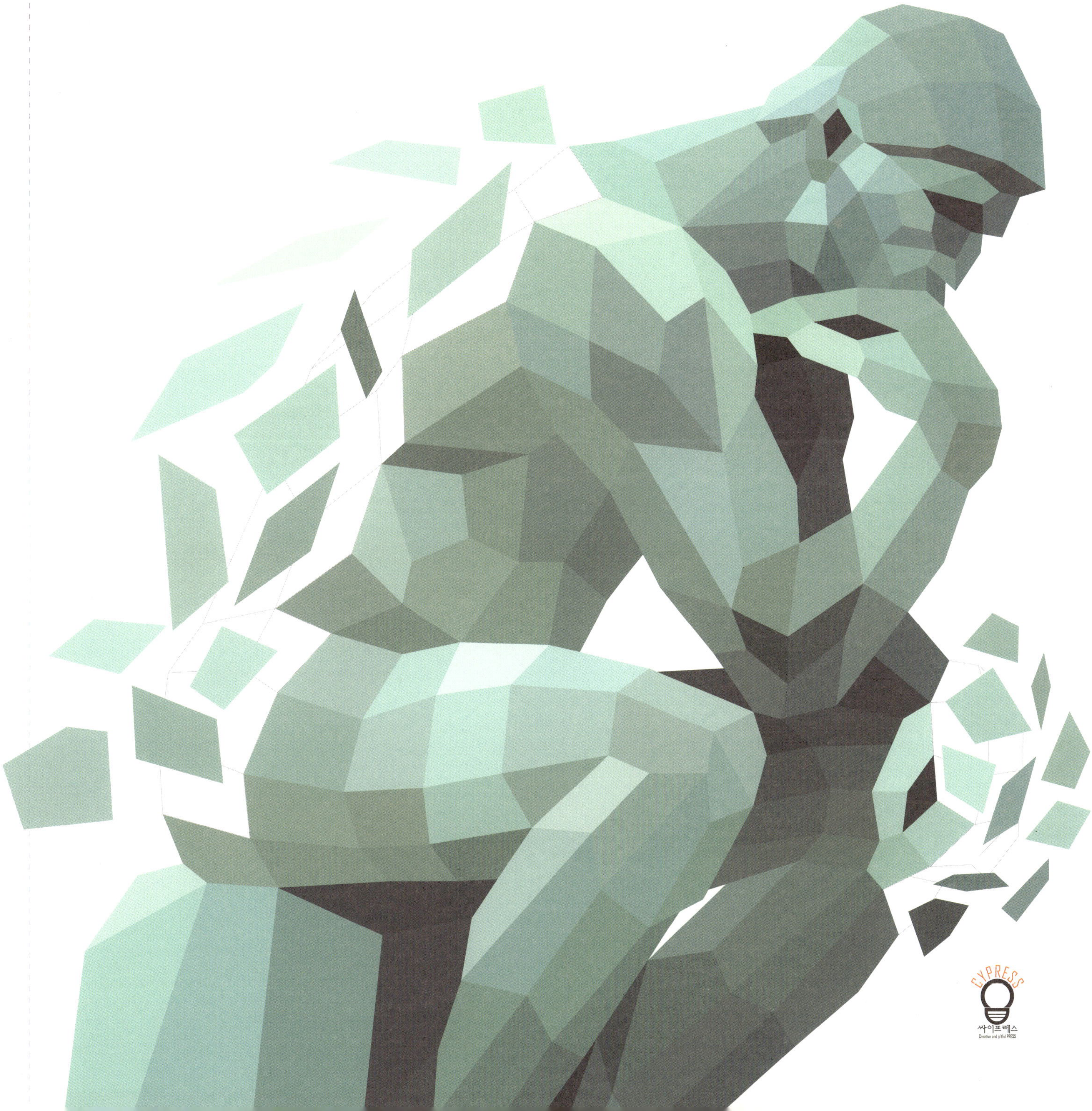

CYPRESS
싸이프레스
Creative and joyful PRESS

초판 1쇄 발행 2022년 4월 1일
초판 3쇄 발행 2023년 3월 29일

지은이 콘텐츠기획팀
펴낸이 김영조
콘텐츠기획 김희현 | **디자인** 정지연 | **마케팅** 김민수, 구예원 | **제작** 김경묵 | **경영지원** 정은진
일러스트 여승규 | **교정** 김혜원, 오진하 | **외주디자인** 김영심
펴낸곳 싸이프레스 | **주소** 서울시 마포구 양화로7길 44, 3층 | **전화** (02)335-0385/0399 | **팩스** (02)335-0397
이메일 cypressbook1@naver.com
홈페이지 www.cypressbook.co.kr
블로그 blog.naver.com/cypressbook1
포스트 post.naver.com/cypressbook1
인스타그램 싸이프레스 @cypress_book | 싸이클 @cycle_book
출판등록 2009년 11월 3일 제2010-000105호

ISBN 979-11-6032-116-6 13630

※이 책은 저작권법에 따라 보호는 받는 저작물이므로 무단 전재 및 무단 복재를 금합니다.
※책값은 뒤표지에 있습니다.
※파본은 구입하신 곳에서 교환해 드립니다.
※싸이프레스는 여러분의 소중한 원고를 기다립니다.

HOW TO USE STICKER ART BOOK

스티커 아트북,
이렇게 활용하세요!

이 책은 10가지 폴리곤 아트(Polygon Art) 작품에 스티커를 붙여 완성하는 액티비티북(Activity Book)입니다. 폴리곤 아트는 이미지를 도형으로 나누어 입체감 있게 표현하는 미술 기법을 뜻합니다. 바탕지에 이 책의 스티커를 모두 붙여 완성하면 입체감 있는 작품을 감상할 수 있을 거예요. 또한 스티커 아트북을 완성하는 과정은 단순히 스티커를 붙이는 행위에서 끝나지 않고 집중력을 기르는 명상으로까지 이어집니다.

책은 크게 본책과 스티커책으로 나뉩니다. 본책에는 실제 스티커를 붙일 수 있는 바탕지 10개가 나열되어 있고, 스티커책에는 바탕지를 채울 수 있는 스티커가 있습니다. 본책에서 작품을 고른 다음 스티커책에서 해당하는 스티커를 찾아서 작업하면 됩니다. 스티커책의 나열 순서는 본책의 작품 나열 순서와 일치합니다.

책의 내용을 확인했다면 이제 스티커를 붙여 볼까요?

1. 완성하고 싶은 작품을 고릅니다
다음 페이지를 펼치면 이 책에 나오는 10가지 작품의 완성된 모습을 확인할 수 있어요. 여기서 마음에 드는 작품을 고르세요. 여러 개를 동시에 붙이다 보면 헷갈릴 수 있으니 한 번에 한 작품씩 골라서 도전하는 게 좋아요. 작품은 스티커의 크기가 커서 금방 완성할 수 있는 것부터 스티커가 작고 많아 붙이기 어려운 것 순으로 정렬되었습니다. 처음에는 앞부분의 쉬운 작품을 택해 감을 익히도록 하세요.

2. 스티커를 떼어내어 해당 번호에 붙입니다
모든 스티커는 손으로 쉽게 떼어낼 수 있습니다. 스티커를 떼어낸 다음 작품 면의 해당 번호 부분에 붙이세요. 붙일 때는 되도록 선을 벗어나지 않도록 주의하는 게 좋습니다. 선에 딱 맞게 붙여야 깔끔한 작품이 완성되거든요.

3. 책에서 작품을 뜯어내어 전시할 수 있습니다
스티커를 모두 붙여 작품을 완성했다면 작품 면을 책에서 뜯어내어 벽에 붙이거나 액자에 넣어 감상해도 좋습니다.

참고하세요!
작품 면과 스티커 면을 왕복하는 과정이 복잡하다면 스티커 면이나 작품 면을 책에서 뜯어낸 다음 붙이세요. 책의 모든 페이지에 뜯어내기 쉽도록 절취선을 넣었으니 이 선에 맞추어 천천히 뜯어내면 됩니다.

CONTENTS
한눈에 보는 스티커 아트

1 14세의 어린 무용수 바탕지…7 | 스티커…29~32

2 밀로의 비너스 바탕지…9 | 스티커…33~36

3 오줌싸개 소년 바탕지…11 | 스티커…37~40

4 원반 던지는 사람 바탕지…13 | 스티커…41~44

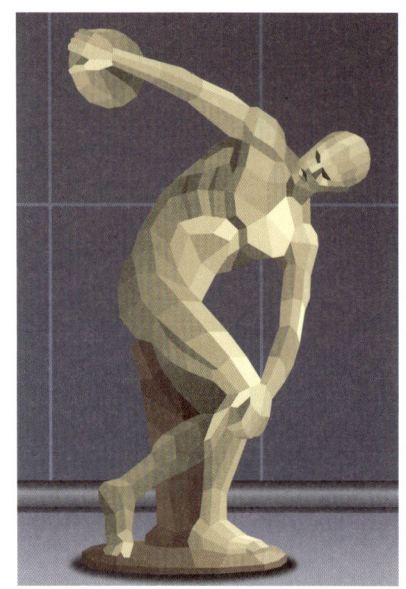

5 생각하는 사람 바탕지…15 | 스티커…45~48

6 사모트라케의 니케 바탕지…17 | 스티커…49~52

7 라오콘 군상 바탕지…19 | 스티커…53~60

8 다비드 바탕지…21 | 스티커…61~68

9 투탕카멘의 가면 바탕지…23 | 스티커…69~76

10 아폴론과 다프네 바탕지…25 | 스티커…77~84

일러두기
모든 바탕지의 뒷면에는 해당 조각의 설명을 실었습니다.
스티커를 붙이며 세계의 조각을 감상해 보세요.

14세의 어린 무용수
Petite danseuse de quatorze ans

에드가 드가(Edgar Degas, 1834~1917)
1879~1881, 오르세 미술관

드가는 회화, 사진 그리고 조각까지 폭넓은 예술 활동을 했다. 극장의 어린 소녀 무용수를 모델로 한 이 조각은 드가의 작품 중 가장 유명하다. 왁스로 제작된 원본은 소실되었으나, 이후 제작한 청동상은 여러 점 남아 있으며 이는 그 가운데 하나이다. 움직이지 않는 조각이지만 기울어진 무게 중심을 지탱하는 자세에서 팽팽한 균형을 느낄 수 있다. 직물로 짜인 발레 의상을 입고 캔버스 천으로 된 발레 슈즈를 신어서 실제 소녀가 서 있는 듯한 사실감을 준다. 극한의 사실주의를 추구했기 때문에 고전적인 미를 묘사하던 당시의 조각들과 결이 달라 분분한 평가를 받기도 했다.

밀로의 비너스 Vénus de Milo
작자 미상
BC 200~BC 100 추정, 루브르 박물관

밀로 섬에 있는 아프로디테 신전 근방에서 밭을 갈던 농부에 의해 발견되어 〈밀로의 비너스〉라는 이름이 붙었다. 루이 18세에게 헌납된 이 작품은 이후 루브르 박물관에 소장되었다. 작품의 팔에 대한 미술사학자들의 의견이 일치하지 않아 아직 완벽하게 복원되지 않은 상태이다. 오른손은 왼쪽 무릎의 천을 잡고 왼손은 황금 사과를 든 채 앞으로 내밀고 있다는 설이 현재 가장 많은 지지를 받고 있다. 제작 연대에 대해서도 많은 논란이 있지만, 풍부한 옷 주름과 섬세한 머리카락의 표현이 헬레니즘의 특색을 나타내고 있어 BC 200년에서 BC 100년경에 제작된 것으로 추정하고 있다.

오줌싸개 소년 Manneken
제롬 뒤케누아 (Jerôme Duquesnoy, 1570~1641)
1619, 벨기에 브뤼셀

오줌싸개 소년은 비록 60cm 남짓한 작은 크기이지만, 벨기에 브뤼셀을 대표하는 상징물로 브뤼셀에서 가장 오래된 시민이라고 불리기도 한다. 프랑스 루이 15세가 이 작품을 약탈했다가 사과의 의미로 후작의 의상을 입혀서 돌려보냈다는 설화가 있다. 이 때문인지 국빈들이 방문할 때, 오줌싸개 소년의 의상을 선물로 가져와 매년 20~30벌의 새 의상을 입는다. 현재 900벌 이상의 옷이 분수대 근처의 옷장 박물관에 전시되어 있다.

원반 던지는 사람 Discobolus

미론(Myron)
BC 460~BC 450 추정, 원본 소실

고대 그리스 시대에 아테네에서 주로 활동한 미론은 당대 최고의 조각가였다. 손에 원반을 잡고 던지려는 순간을 정확히 포착해 만든 이 조각은 긴장된 근육과 균형 잡힌 자세를 잘 나타내어 예술적으로 우수하다는 평가를 받는다. 미론이 제작한 원본 청동상은 소실되었으나, 고대 로마의 복제품은 여러 점 남아 있다. 그중 〈타운리의 원반 던지는 사람〉이라는 대리석 복제품이 유명한데, 원반을 돌아보는 원본과 다르게 머리가 아래쪽을 향해 있다.

생각하는 사람 Le Penseur

오귀스트 로댕(Auguste Rodin, 1840~1917)
1888, 로댕 미술관

〈생각하는 사람〉은 본래 〈지옥의 문〉이라는 조각의 일부로 제작됐으나, 후에 로댕이 실물보다 크게 따로 제작했다. 〈지옥의 문〉은 로댕이 이탈리아 시인인 단테의 〈신곡〉에서 영향을 받아 만든 조각으로, 지옥으로 향하며 고통받고 번뇌하는 인물들을 묘사했다. 문의 상단 중앙에는 이들을 내려다보며 깊은 고민에 잠긴 〈생각하는 사람〉이 위치해 있는데, 이는 로댕이 단테를 생각하며 제작한 것으로 전해진다. 자연스럽지 않게 비튼 자세와 강조된 근육이 진지한 고뇌의 분위기를 한층 더 무겁게 전달한다.

사모트라케의 니케 Victoire de Samothrace

작자 미상
BC 190~BC 150 추정, 루브르 박물관

사모트라케 섬에서 100여 점의 파편으로 발굴되어 복원된 이 작품은 머리와 두 팔이 없지만, 충분히 아름답고 역동적이다. 날개를 단 여신 니케는 거인과 올림포스 신들의 전쟁에서 제우스의 편을 들면서 승리의 여신이라는 칭호를 얻었다. 이 여신상은 해전의 승리를 기념하기 위해 만들어진 것으로 추정된다. 바닷바람에 날려 몸을 휘감는 옷자락의 섬세한 표현은 헬레니즘 조각의 정수라 할 수 있다.

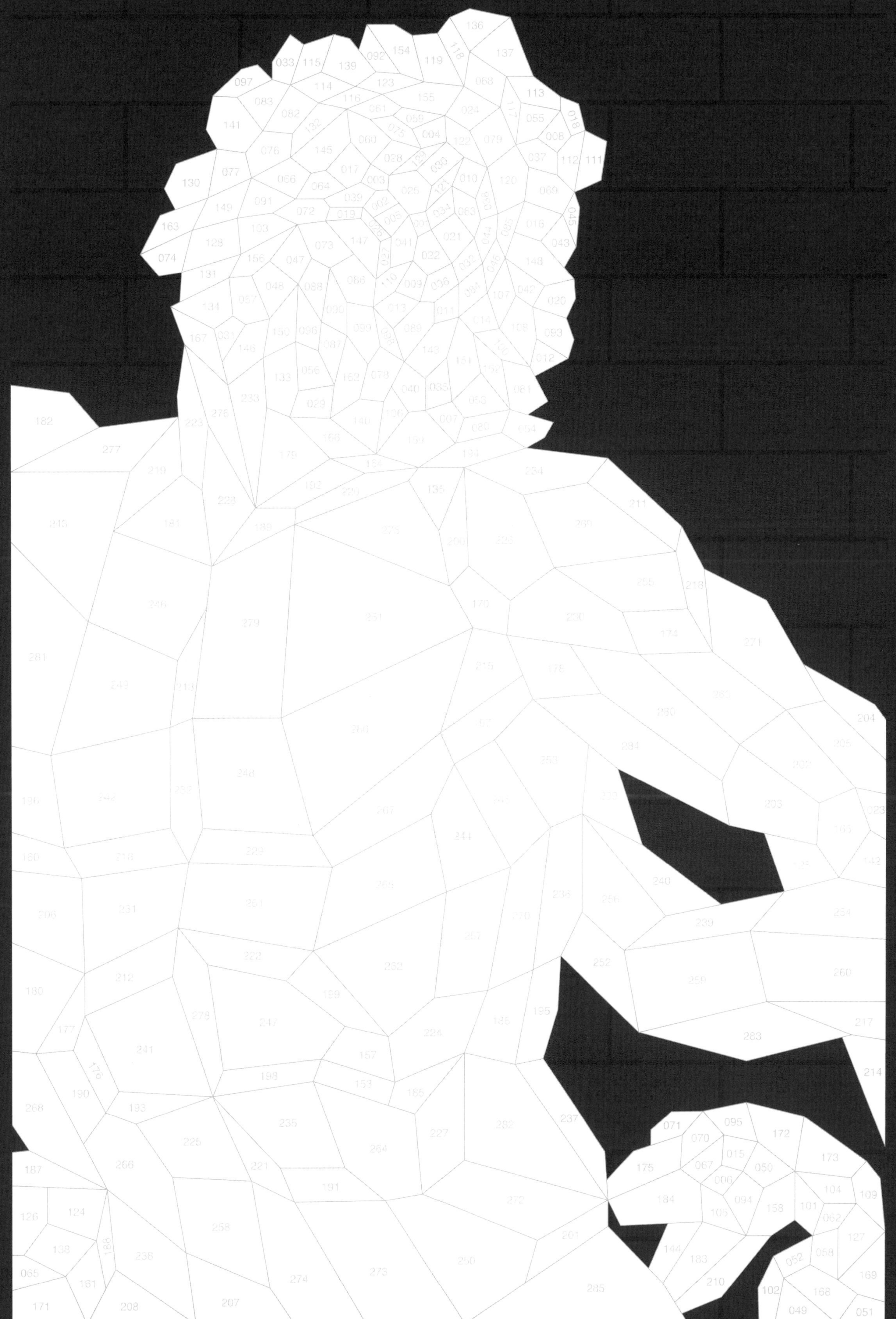

라오콘 군상 Laocoön and His Sons
아테노도로스, 아게산드로스, 폴리도로스 추정
BC 27~70 추정, 바티칸 미술관

라오콘은 그리스군이 남긴 목마를 불태워야 한다고 주장한 트로이 신관이다. 그리스의 편이었던 포세이돈은 두 마리의 뱀을 보내 라오콘과 그의 두 아들을 죽인다. 이를 신의 경고라 여긴 트로이인들은 목마를 성안에 들이고 결국 패배한다. 이 군상은 뱀들에게 공격당하며 고통에 몸부림치는 인간의 격정을 생생하게 보여 준다. 당시 조각의 감정을 맡았던 미켈란젤로는 이 작품의 예술성에 크게 감탄했으며 이후 작품 활동에 영향을 받을 정도로 감명받았다.

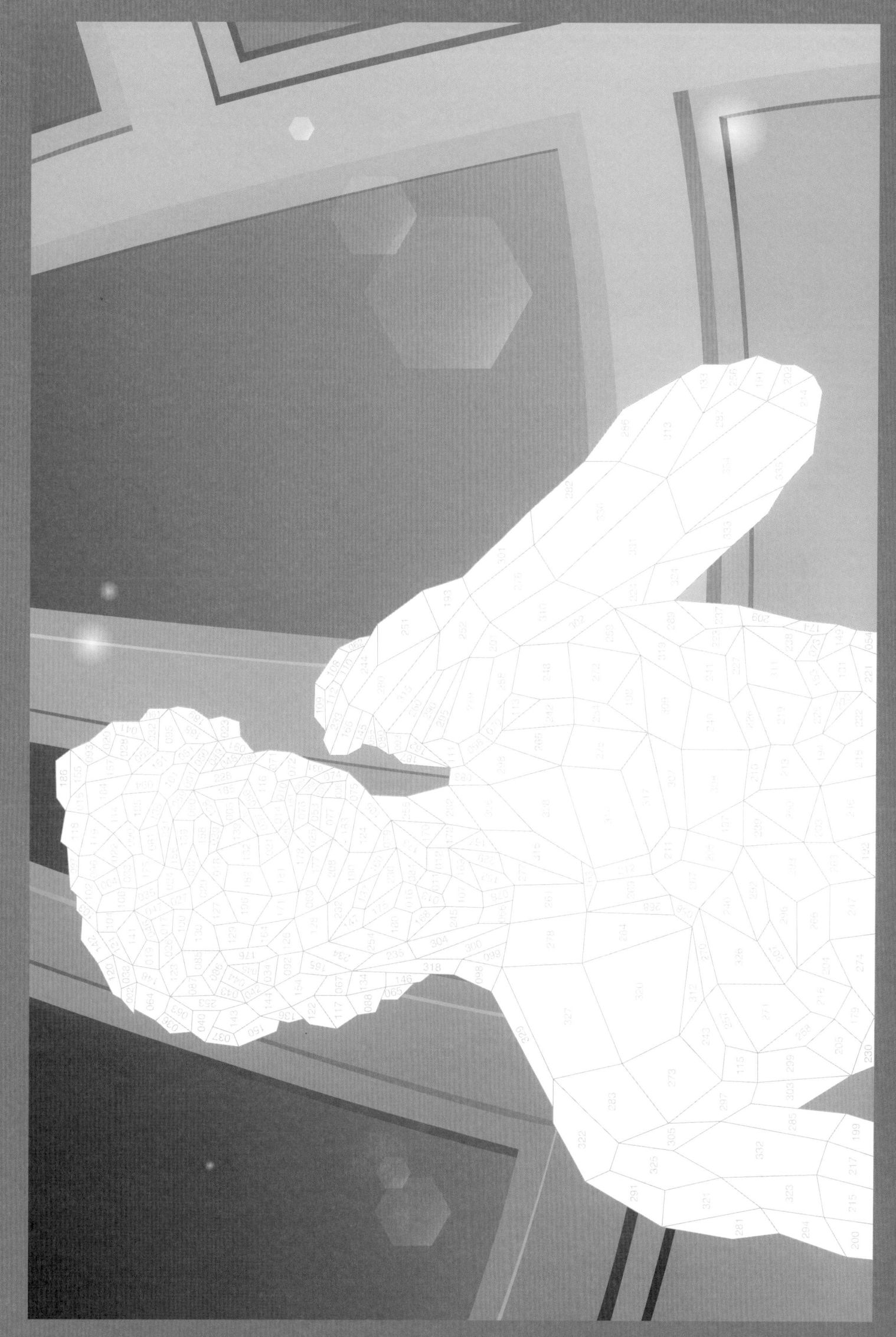

다비드 David

미켈란젤로(Michelangelo, 1475~1564)
1501~1504, 피렌체 아카데미아 미술관

다비드는 적군의 장수 골리앗을 돌팔매로 쓰러뜨린 작지만 강한 영웅이다. 기존의 다비드상은 보통 골리앗의 머리를 두고 승리한 젊은이의 모습으로 묘사했지만, 미켈란젤로는 전투를 앞두고 팽팽한 긴장감이 감도는 다비드를 조각했다. 오래전부터 방치돼 조각하기 어려웠던 대리석은 피렌체 대성당 측 의뢰로 미켈란젤로의 손에서 3년 만에 명작으로 탄생했다. 본래 대성당의 지붕에 배치될 예정이었으나, 공화국의 승리를 상징하는 것으로 여겨져 피렌체 시청사 입구에 놓였다.

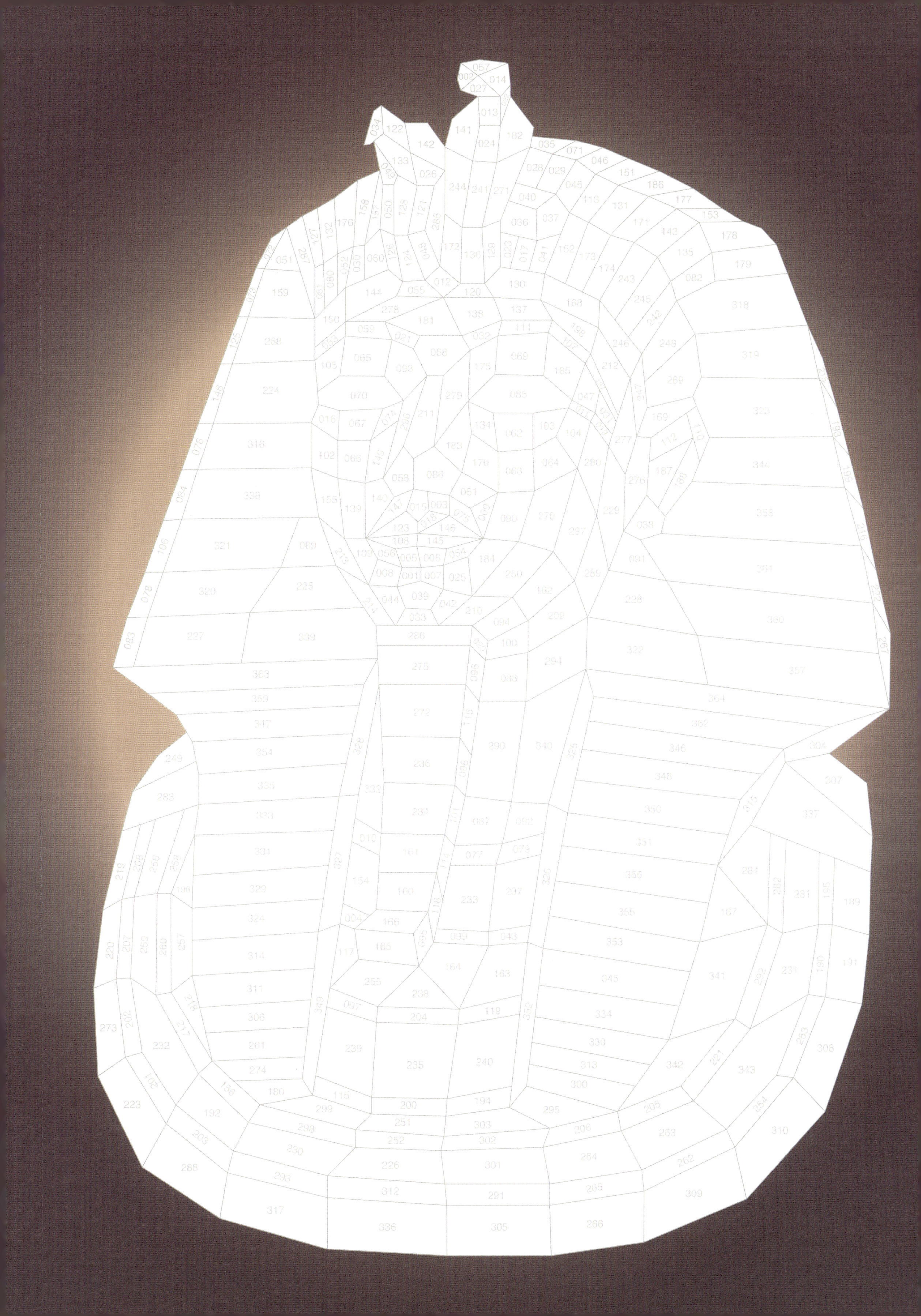

투탕카멘의 가면 Mask of Tutankhamun
작자 미상
BC 1361~BC 1342 추정, 이집트 박물관

투탕카멘은 10세에 즉위해 실권이 없던 소년 왕으로 어린 나이에 사망했다. 왕가의 계곡에 있는 일반적인 왕묘와 다르게 투탕카멘의 묘는 흙더미에 묻히는 실수 덕분에 거의 온전한 상태로 발굴됐다. 얇은 금판으로 제작된 가면에는 당시 매우 비싼 재료인 청금석, 루비, 흑요석 등이 상감 처리돼 있어 매우 화려하다. 파라오의 이마에는 코브라와 독수리 모양의 장식이 달려 있는데, 각각 하이집트의 여신과 상이집트의 여신을 상징한다.

아폴론과 다프네 Apollo and Daphne
잔 로렌초 베르니니(Gian Lorenzo Bernini, 1598~1680)
1622~1625, 보르게세 미술관

극적인 리얼리즘과 강렬한 감정 묘사가 일품인 〈아폴론과 다프네〉는 바로크 시대를 대표하는 걸작이다. 이 작품은 사랑의 신 에로스가 쏜 화살로 비극적인 운명의 길을 걷게 된 아폴론과 다프네의 어긋난 사랑 이야기를 담고 있다. 황금 화살을 맞은 아폴론은 다프네를 사랑하게 되지만, 납 화살을 맞은 다프네는 아폴론을 미워하게 되는 운명에 놓인다. 결국 구애하는 아폴론을 피해 도망치던 다프네는 위기의 순간, 강의 신인 아버지에게 기도해 월계수가 된다. 로마의 위대한 예술가 베르니니는 아폴론의 손이 닿기 직전, 다프네가 월계수로 변하는 순간을 대리석으로 정교하게 묘사했다.

STICKERS
SCULPTURE

1 14세의 어린 무용수 스티커…29~32

2 밀로의 비너스 스티커…33~36

3 오줌싸개 소년 스티커…37~40

4 원반 던지는 사람 스티커…41~44

5 생각하는 사람 스티커…45~48

6 사모트라케의 니케 스티커…49~52

7 라오콘 군상 스티커…53~60

8 다비드 스티커…61~68

9 투탕카멘의 가면 스티커…69~76

10 아폴론과 다프네 스티커…77~84

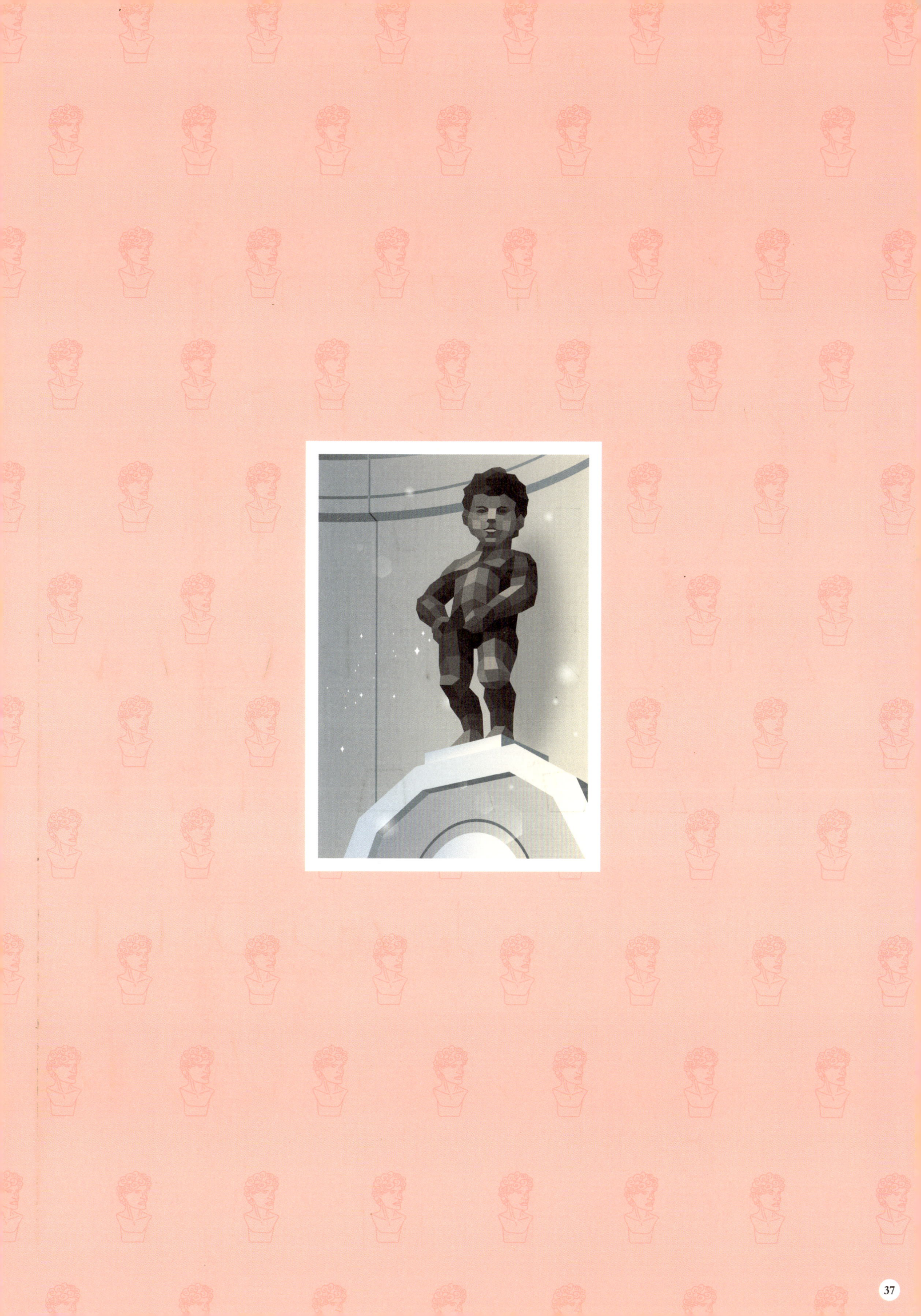

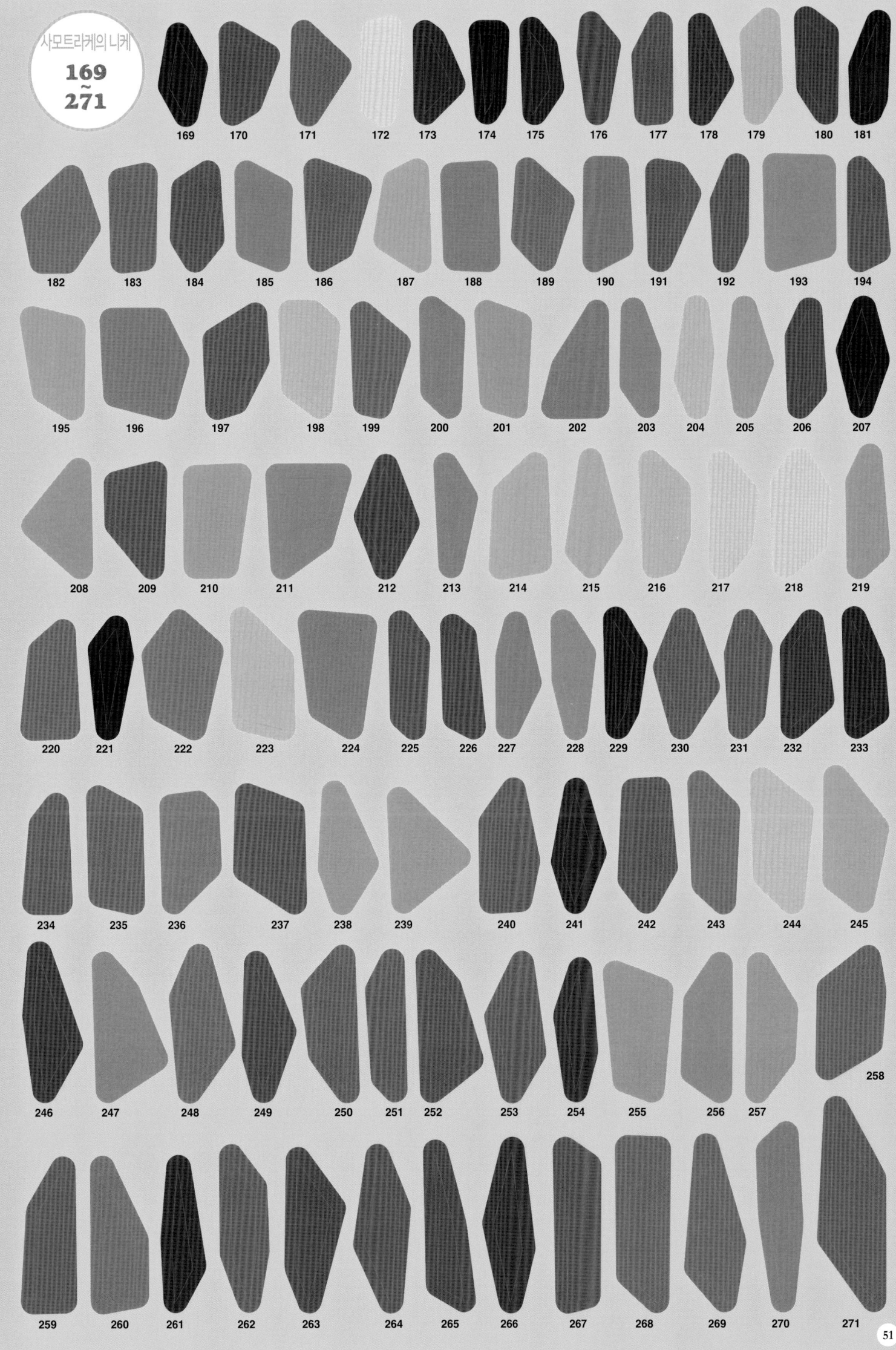

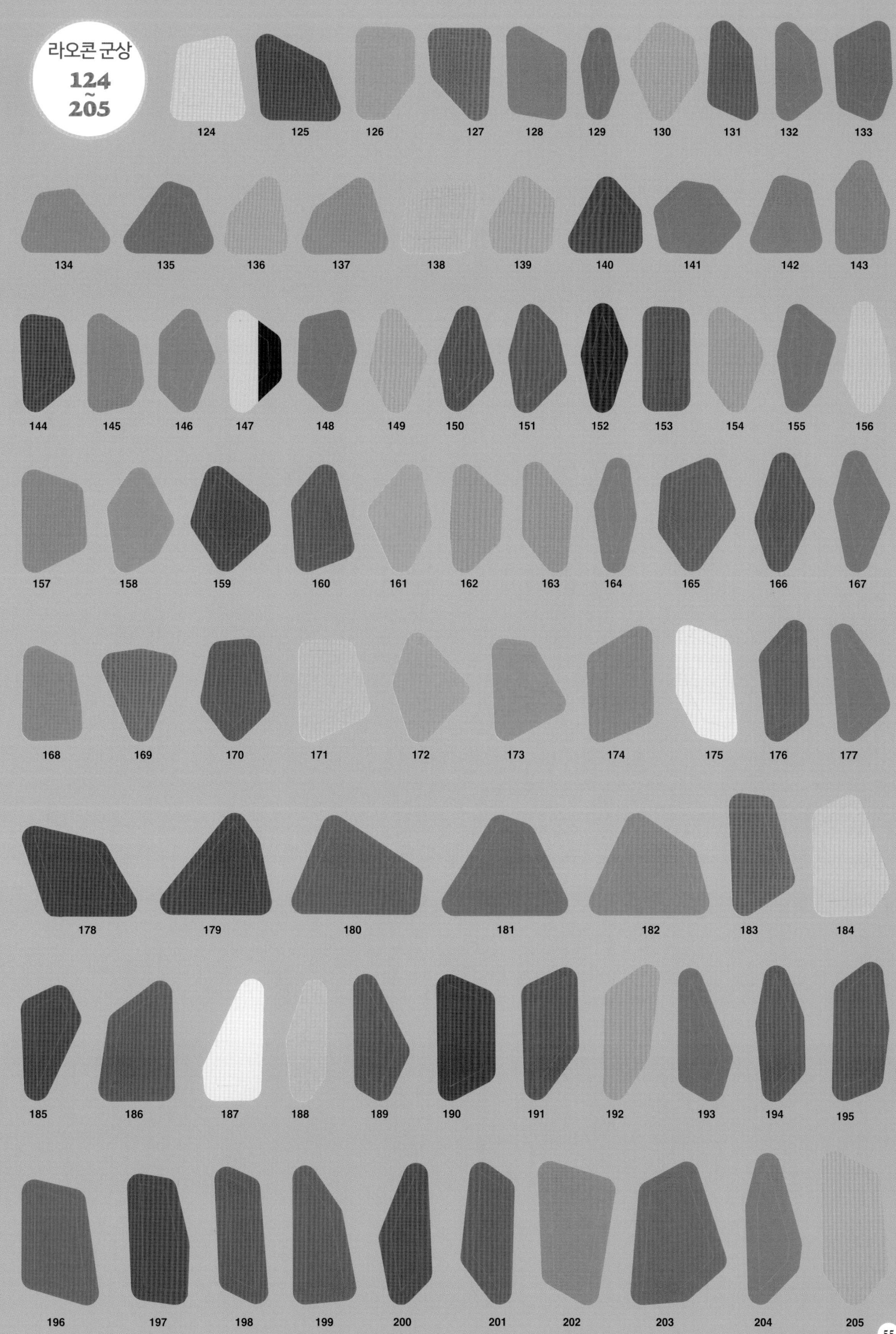

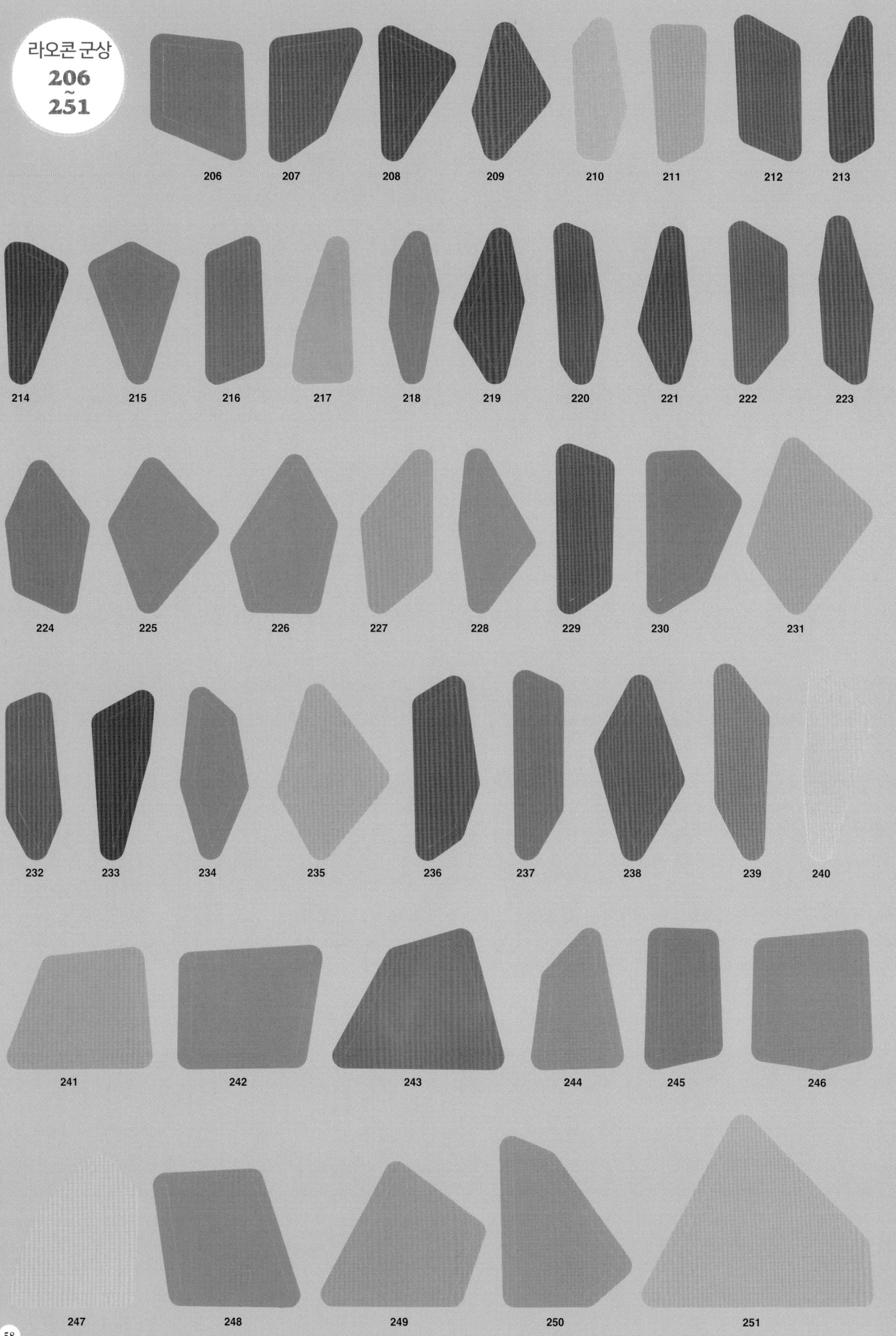

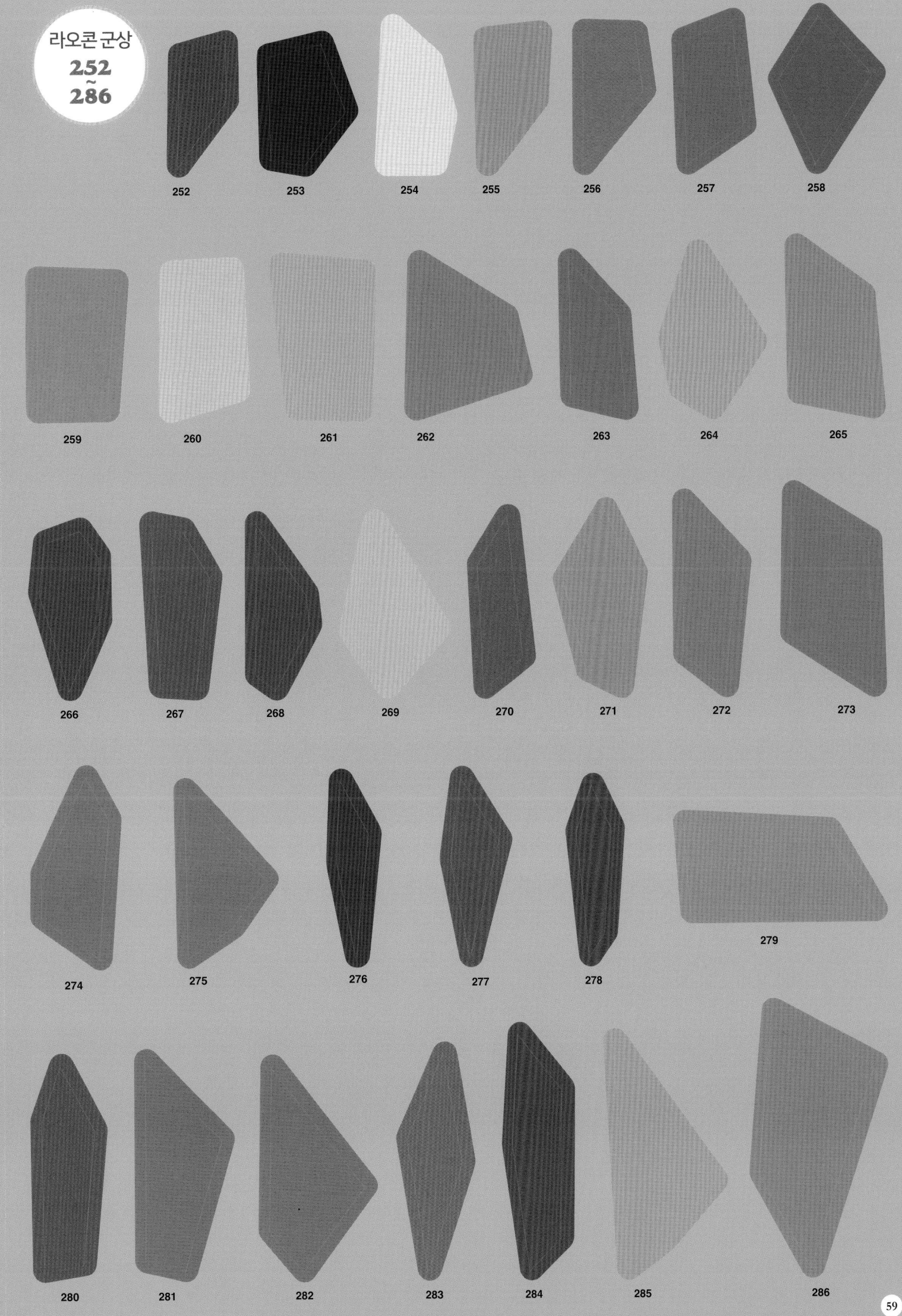

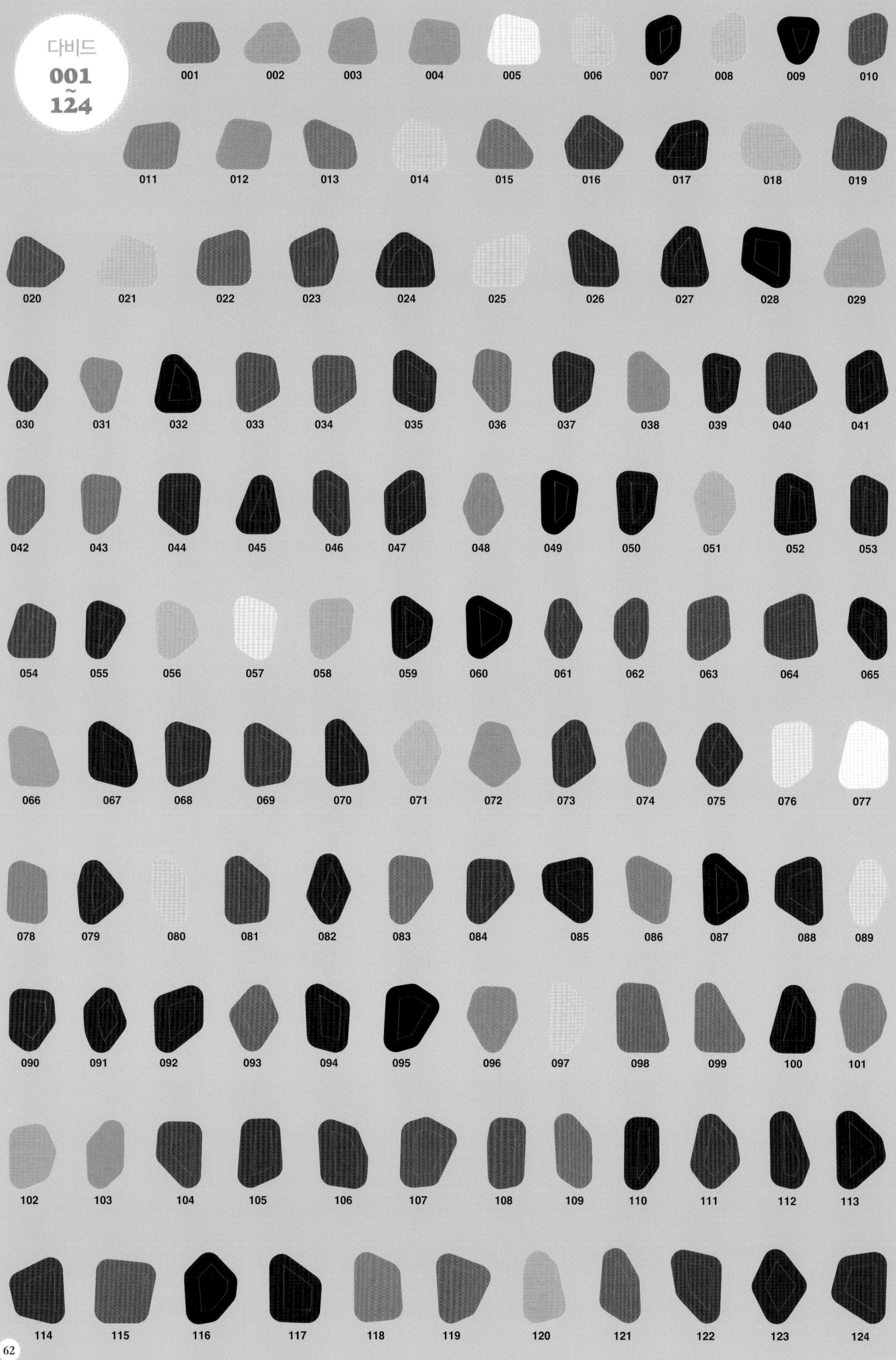

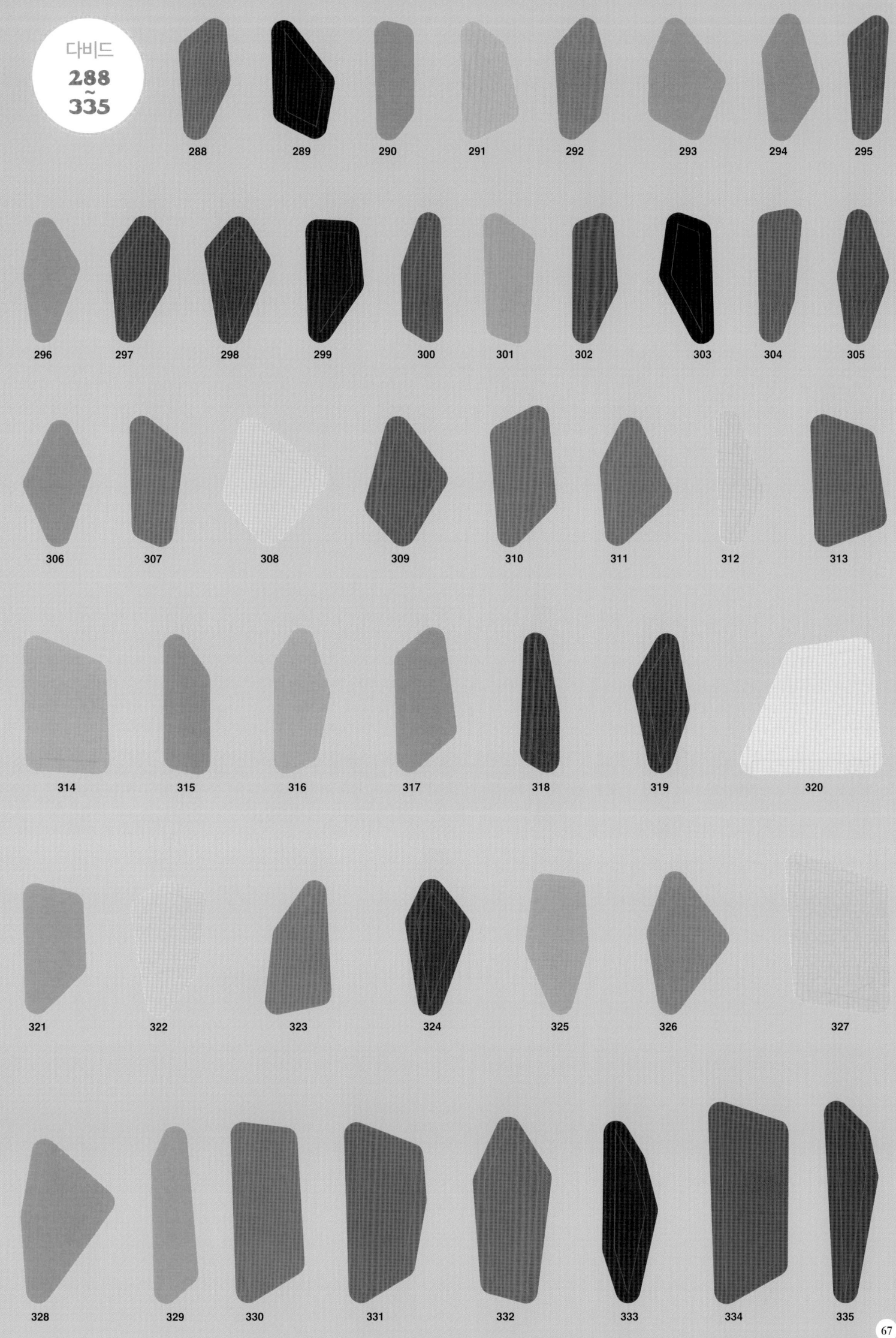